U0452752

孩子，你是在为自己努力

遇到挫折怎么办

黄 莹 何一月 编

科学普及出版社

·北京·

图书在版编目（CIP）数据

孩子，你是在为自己努力. 遇到挫折怎么办 / 黄莹，何一月编. -- 北京：科学普及出版社，2023.6（2023.7 重印）
ISBN 978-7-110-10619-8

Ⅰ.①孩… Ⅱ.①黄…②何… Ⅲ.①心理健康—健康教育—小学—教学参考资料 Ⅳ.①G444

中国国家版本馆CIP数据核字（2023）第084716号

目录

生活篇

- 因为不会游泳而被取笑……………………………… 02
- 做事总是慢半拍，被说磨蹭…………………………… 06
- 同学举办生日聚会，唯独没请我…………………… 10

校园篇

- 期末没考好，怎么调整心态………………………… 16
- 因生病请假，学习跟不上…………………………… 20
- 运动会参加短跑，得了最后一名…………………… 24
- 参加朗读比赛，感冒影响了正常发挥……………… 28

学习篇

- 数学成绩差怎么办……………………………………… 34
- 学钢琴练习的曲目越来越难，想要放弃………… 38
- 英语发音不准，在英语大赛中失利……………… 42
- 基础知识不牢，功课一塌糊涂…………………… 46

情感篇

- 最好的朋友要转学了 ……………………………… 52
- 家里的小宠物死了，总是难过怎么办………… 56
- 被好友奚落，内心充满挫败感…………………… 60
- 成绩不理想，觉得对不起家长…………………… 64

心态篇

- 遇到挫折就想逃避……………………………… 70
- 努力了没结果,不敢再挑战自己………………… 74
- 害怕失败,做什么事都畏首畏尾………………… 78
- 过高估计自己的能力,表现总是不尽如人意…… 82

生活篇

NO.1
因为不会游泳而被取笑

小朋友说

我从小怕水,学不会游泳,被同学嘲笑是"旱鸭子",心里很不服气,于是让妈妈给我报了一个游泳班。第一天上课,我站在泳池边双腿打战,怎么也不敢往下跳。而身旁的小朋友一点也不害怕,纷纷跳了下去。他们看到我的窘相,情不自禁地笑了起来。我忍受不了嘲笑,不管不顾地跳了下去,结果呛了好几口水,差点出事。要不是教练眼疾手快地把我救上来,我真不知道自己会怎样。

心理疏导

生活中,我们常因为不具备某项技能而受到嘲笑,进而因为自己能力上的不足和同伴的奚落而羞愧不已。其实技能是后天习得的,没有人天生就会,任何技能的掌握都要经历一个从不会到会的过程。不会游泳不要紧,我们可以去学。我们不必因为被取笑而耿耿于怀。在成长的道路上,这种小挫折比比皆是,我们不能因为一点微不足道的挫折就被打倒。勇敢地面对嘲笑,用实力证明自己,我们一定会表现得更出色。

不良心理反应

- 被当众取笑了,丢死人了。
- 别人嘲笑我,说明我在游泳方面确实不行,我不想学了。
- 同学当中只有我不会游泳,好有挫败感呀。

积极心理暗示

01
不会游泳不丢人,同学也不是天生会游的呀。

02
嘲笑也有正面作用,我要把它当成勉励,更加努力地学习。

03
同学先我一步学会了游泳,说明他们练习得早,我不见得比他们差。

行动指南

1 从蛙泳练起，慢慢提升自己

蛙泳的泳姿是最简单的，也最容易掌握。作为入门级的小朋友，我们没有能力挑战漂亮的花式游泳，也不适合潇洒的自由泳，从基本功练起最为明智。一般来说，蛙泳一个星期就可以学会。掌握了蛙泳，我们就不是"旱鸭子"了，足以让身边嘲笑我们的人对我们刮目相看。学会了蛙泳，你就可以试着攻克自由泳和其他泳姿，慢慢提升自己的泳技。

2 承认事实

面对嘲笑，最忌讳赌气或大怒，我们表现得越激进，嘲笑之声就会越盛。要让嘲笑快速平息，比较有效的办法是平静地承认事实。如果别人说的是事实，并牢牢抓住了我们的弱点，我们怎么辩驳都没有用。既然这样，不如大方承认。对方笑话我们不敢下水或泳姿难看，我们可以承认自己怕水或是尚在初学阶段，没有掌握正确的姿势，然后以幽默的姿态自我解嘲。别人觉得既然我们已经承认了，继续拿我们的弱点开玩笑就没什么意思了，就不会再取笑我们了。

3 坦然面对嘲笑

假如我们克服不了对水的恐惧，没办法学会游泳，甚至连下水都不敢，就不必勉强自己了。别人嘲笑我们的时候，我们可以坦然面对，不让嘲笑左右和影响自己的心情。其实每个人都有擅长和不擅长的事情，每个人都有自己的长处和短处，我们虽然不擅长游泳，却有别的强项。别人用自己的长处和我们的短处比，本身就是不公平的，我们没必要把他们的话放在心上。

心理学小课堂

　　奥地利心理学家阿德勒认为,人们会因为受到羞辱而改变自己的行为,用抵抗的方式对抗嘲笑。比如我们因为不会游泳而受到身边人的嘲笑,基于羞愧,会在没有准备好的情况下纵身跳入水中。这种抵抗的方式是不合理的,而且会给我们招致危险。那么该怎样应对别人的取笑呢?我们可以试着消化嘲笑带给自己的伤害,消除嘲笑给自己带来的屈辱感,从而避免一些不合理的对抗。

　　其实嘲笑能不能转化成伤人的利器,并不取决于他人,而是取决于我们自己。如果我们不在乎它,它就毫无作用,不会对我们构成任何威胁。只有在我们重视它、在乎它的时候,它才能显现出巨大的威力。我们可以把嘲笑当作可忽略的噪声,也可以把嘲笑当成鞭策自己奋进的动力,只要不被它迷惑,不被它激怒,完全可以把它对我们的伤害降到最低。当我们可以坦然地面对嘲笑时,就不会产生强烈的挫败感和屈辱感了。

NO.2
做事总是慢半拍，被说磨蹭

小朋友说

我天生是个慢性子，做什么事都慢半拍。刷牙洗脸慢腾腾，写作业磨磨蹭蹭，换件衣服至少要半小时，配合别的小朋友做任务，总是拖后腿。老师、家长嫌我磨蹭，总是催促我，还说我现在干什么都慢悠悠，反应慢一拍，长大以后跟不上社会的节奏，要是遇上紧急重大的事情，肯定处理不好。我听了之后，十分担忧，不知道该怎么办才好。

心理疏导

每个人的性格不一样，有的人高效爽快，有的人无论干什么都慢吞吞的。对于善于思考的小朋友，在行动上会表现得缓慢一些，这反而是优点，能够避免莽撞导致的危险或错误。如果这涉及学习和劳动，会对我们的日后发展产生影响，我们就不能掉以轻心了，应尽量改掉自己的缺点。

不良心理反应

- 我也不想慢半拍，可我克服不了自己的问题。
- 总被说磨蹭，感觉好丢人呀。
- 我就是磨蹭，改不了就不改了。

积极心理暗示

01
我相信自己能改掉磨蹭的习惯。

02
我虽然速度慢，但慢工出细活，我不见得比别人差。

03
我还小，一切都不能定性，现在是慢性子，不代表以后也这样。

行动指南

❶ 扬长避短

慢性子的人做事有延迟感，让人觉得迟钝笨拙，其实这种情况既有弊也有利。我们表现出淡然、沉静、慢条斯理的性格气质，这是细致沉稳的表现。我们可以利用这些优势，把细节处理好，比如认真写作业或妥善处理生活中的琐事。

❷ 找到合适的做事节奏

做事慢半拍，无法像其他小朋友那样干脆利落，说明我们属于缓慢型气质的孩子。慢性子的人习惯缓慢的节奏，很难养成雷厉风行的做事风格。我们要接受这个事实，不去和行动迅捷的同龄人比较，在自身节奏的基础上，适当提升速度和行动力，找到符合自己性格特点的做事节奏。

❸ 训练自己的大脑和身体

做事不慌不忙、磨磨蹭蹭，其中一个重要原因是缺乏紧迫感，大脑处于松懈的状态，无法支配身体快速做出反应。我们可以科学地训练自己的大脑和身体，给大脑下达即刻行动、马上完成任务的指令，身体接收到信号，会加快执行命令的速度。反复练习这个过程，让大脑和身体相互配合，形成一个较为连贯的过程。除此之外，还要加强思维能力的培养和肢体协调能力的训练。

心理学小课堂

做事行动缓慢，除了能力和性格上的问题之外，还有动机方面的问题。当我们主观上不想做某事或是不愿意快速完成某事时，就会以慢腾腾的节奏处理事情。要解决慢性子的问题，需弄清自己磨蹭的根源在哪儿。如果我们做事慢是因为受到生理和心理条件的限制，不是主观刻意为之，我们就要接纳自己的不足，想办法提升自身的行动效率，不能强迫自己变快。如果我们磨蹭是故意拖延导致的，我们就必须从心态入手，从根本上矫正自己的思想和行为。

其实，慢性子本身是一个中性的特征，无所谓好和坏。它不能直接和迟钝画等号。假如这个特征没有严重影响到我们的学习和生活，我们不必强行改正。如果它已经扰乱了我们正常的生活节奏，我们才有必要正视和解决这个问题。

NO.3

同学举办生日聚会，唯独没请我

小朋友说

上个星期六，有名同学举办生日聚会，全班同学都去参加了，只有我没参加，因为我是唯一一个没有受到邀请的人。后来，同学们兴致勃勃地谈起那场热闹的聚会，我莫名有些伤心和失落。我不明白那名同学为什么不邀请我庆祝生日，是对我有看法，还是不小心把我遗漏了。我和他没什么矛盾，他为什么要无视我呢？

心理疏导

作为唯一一个没有被邀请参加聚会的人，我们会认为，自己是不是做错了什么事，是不是遭人讨厌了，为此烦恼不已。可是冷静下来想想，也许真的不是我们的错。别人举办生日聚会，想邀请谁就邀请谁，那是别人的自由。也许我们觉得和对方关系很好，应该受到邀请，对方却未必这样认为。别人和我们不投缘，不能强求，我们可以把友情投放到和自己投缘的同学身上，不必为这件事伤脑筋。

不良心理反应

| 全班同学都受到了邀请，只有我没有，可见我的人缘是最差的。 | 这名同学不愿意和我一起庆祝生日，心里一定非常讨厌我。 | 只有我没有出现在生日宴会上，以后大家会怎么看我？ |

积极心理暗示

01 我的人缘才不是最差的呢，我只是和那位同学关系一般罢了。

02 我有其他好朋友，不缺少友谊和欢乐，不用在乎这件事。

03 别人过生日没请我，又不是什么大事，同学不会因为这件事对我产生偏见。

行动指南

① 找家人倾诉

同学过生日，唯独没有邀请我们，我们觉得自己被忽视了，或者在同学之间不受欢迎，难免感到伤心。这时可以找家人倾诉，把自己伤心、失落、被忽视的感受全部告诉他们，这样不但可以把负面情绪发泄出来，还能得到很多中肯的建议。有些事情已经发生了，我们无力改变，耿耿于怀只会影响到自己的好心情。把这段不愉快的经历说出来，影响便能降到最低。

② 学会释怀

告诉自己，我们没有被邀请，感觉不舒服是正常的，但邀请我们并不是别人的义务，我们不能因此怨恨他人。没有被邀请，不代表我们被边缘化了，或自身有什么问题。同学之间的交往是双向的，个别同学和我们不投缘，我们要淡然处之，不必过分重视忽略我们的人，更没必要自我怀疑、自我否定。

③ 找亲朋好友欢聚

在同学的生日宴上，我们被排斥在热闹之外，心情难免有些糟糕。这时候可以约上亲朋好友小聚一次，让欢声笑语冲淡伤心难过，同时起到转移注意力的作用。重新被一个社交圈接纳，我们将找到归属感和自我价值感，相信心情很快就能变好。

心理学小课堂

在成长过程中，很多小朋友都有被排斥的经历。被排斥在群体之外，很容易产生消极情绪，甚至否定质疑自己。其实，遭人排斥未必是我们的错。被个别人排斥，不会对我们的生活造成很大影响。那么何种程度的排斥，才应当引起我们的注意呢？

首先是持久性的排斥。我们要是长期遭到排斥，影响可能是持久性的，不容易克服。偶尔、短暂的排斥完全不必放在心上。同学举办生日宴会，自己不被邀请属于偶尔的排斥，我们完全可以忽略它的后续影响；其次是普遍性的排斥，面对集体排斥，我们要警惕，不能掉以轻心，要反思是不是自己的问题。而只被个别人排斥，可能是个性不和引起，不必过多理会。

无论如何，被人排斥，自我价值感会受损，心态或多或少会受到影响。这时我们可以选择找一群乐于接纳我们的人交往，让自己在健康的社交关系中重拾自信。

校园篇

NO.1

期末没考好，怎么调整心态

小朋友说

这次期末考试，我没发挥好，连最擅长的数学也考砸了。在做题的过程中，我犯了很多低级错误，丢了很多分。我十分低落，一连好几天都萎靡不振。卷子发下来之后，我看到一个个鲜红刺目的大叉，心情更差了。我不知道该怎样调整心态，也不知道该如何面对接下来的学习生活，该怎么办才好呢？

心理疏导

考试成绩时好时坏很正常，谁也不能保证每次考试都能取得优异的成绩，偶尔发挥失常是非常正常的，我们不必太过在意。当然，刚刚考完，成绩下滑明显，心里肯定会有些不好过，这时需要及时调整心态，可以考虑到户外走走，抑或到操场上踢几场球，或者静下心来听几首好听的音乐，等到心情恢复，再去面对考试结果。

不良心理反应

考试考砸了，所有努力都白费了。

我连最简单的题目都做错了，真是蠢透了。

我没办法让自己振作起来，现在已经开始厌学了。

积极心理暗示

01
学习不是为了应对考试，只要收获了知识，那么付出的努力就没有白费。

02
我把简单的题做错了，是因为一时马虎大意，以后会注意的。

03
一次考试没考好，没什么大不了，我会马上恢复心情的。

行动指南

❶ 分析考试失利的原因

考试过后，我们常容易把注意力集中在考试结果上。这时，我们可以试着把注意力转移到查找考试考砸的原因上。客观分析一下，考试没考好，是因为马虎大意了，还是因为考试题目太难、平时学习不认真，找到了问题所在，然后想办法解决它。经过一番理性分析和思路转移，我们的心情也会平复下来，相信很快就能投入到紧张的学习生活中了。

❷ 关注成长，而非成绩

分数和名次不能完全反映我们的学习能力和学习水平，而且成长比成绩更重要。成绩有起有落，成长却是直线上扬的，我们不能因为一时的失意，否认了成长的价值。有时候偶尔考砸一次，反而有助于我们成长和进步。痛定思痛之后，我们学会了在逆境中前进，日后反而能取得更大的成功。

❸ 制订学习计划

把试卷上的错题全部抄写下来，找出自己在学习方面的薄弱环节。针对自己的不足之处，制订一份简单实用的学习计划。按照计划补足自身，逐渐提升学习成绩。这样做的好处在于，通过有力的行动来调动学习积极性，可让自己在短时间内迅速从过去的失败体验中抽离，把心力转移到当下，这对于调整心态是非常有效的。

心理学小课堂

考试没考好，要学会自我调节，那么都有哪些切实可行的办法呢？

一是多交流。交流和倾诉是缓解不良情绪的有效手段。我们可以试着和其他考试没过关的同学交流，在分享心情的同时，顺便听听同学的想法和意见，也许别人不经意间说出的某句话或某个观点，能瞬间点燃我们的斗志，还会让我们对未来的学习生活充满期待。

二是多笑。科学研究表明，人在大笑时，大脑内的化学物质会发生改变，我们的负面情绪会因此得到缓解。笑会使我们的幸福感大大提升，身体的免疫力也会得到显著提高。心情糟糕时，我们更要多笑。可以通过观看喜剧、听笑话、和同学说笑等方式，让自己笑口常开。把笑当成一种心理按摩，慢慢冲淡考试失利的影响。

NO.2

因生病请假，学习跟不上

小朋友说

我因为生病请了两个月假，学习受到了很大影响，听课比较吃力。每天上课都莫名烦躁焦虑，根本听不懂老师在讲什么。老师提问时，我总把头低下去，心里十分紧张，生怕被叫起来回答问题。我觉得我的学习效率和学习能力都不如以前了，已经完全跟不上进度，这样下去，成绩一定下滑得很厉害。现在我不知该怎么办好了，对自己已经失去了信心。

心理疏导

小朋友，我们这次在学习上落后是客观原因造成的，不是主观上不想好好学。这就好比我们和同学在同一个赛道上奔跑，因为身体原因，我们被迫停了下来，过了很久再去追赶大部队，短时间内肯定追不上。遇到这种情况，我们要坦然接受自己被落下的现实，不能太过心急，而要采用科学的学习方法及时补救，让自己逐渐适应目前的课程进度和学习内容。

不良心理反应

- 耽误了那么多功课，不可能赶上同学了。
- 现在学习好吃力，干脆不学算了。
- 好着急呀，根本无法沉下心来学习。

积极心理暗示

01 虽然落下了不少功课，但只要多花点时间学习，还是有希望赶上同学的。

02 现在学习有些吃力，不过我不会放弃的，我会加倍努力，一定能克服所有困难。

03 急躁没有用，还是要慢慢来，学习不能一蹴而就。

⭐ 行动指南

❶ 接受现状，慢慢来

因病请假的日子里，我们落下了很多功课，短时间内全部靠自学学会是有一定难度的。很多章节的内容，我们不能一学就懂，这种情况下，我们要接受现状，慢慢来，可以从最简单最易懂的章节学起，把基础知识全部学会了，再按照由易到难的先后顺序，将各科的功课补习好。

主动向老师寻求帮助 ❷

遇到难懂的知识点和复杂的题型，自己无法消化理解，我们可以利用课下时间向老师请教。如果连教科书的例题都看不懂，简单的习题都不会做，我们更要向老师求教，不能因为不好意思而错过宝贵的学习机会。无论如何，我们缺课，在学习方面感到力不从心，是再正常不过的事情。我们不必感到难为情，有任何疑问都可以找老师解答。

❸ 课下勤奋学习，补足缺漏

如果靠自学无法跟上课堂进度，我们可以考虑利用周末时间让家长或哥哥、姐姐帮忙补课。补习要有针对性，哪科薄弱补哪科，辅导的人最好能提前做好补课计划和教学备案。

心理学小课堂

　　有时候打败我们的不是外在因素，不是疾病，也不是挫折，而是我们自己。心理学上有这样一个定理：只要自己不打倒自己，世上没有人能击败和打倒我们。这个定理叫"罗伯特定理"，它告诉我们人只要心存希望，对自己有信心，就能战胜人生中的大部分困难。任何时候，我们都不能放弃希望，更不能放弃自己。因为身体的原因导致功课落下，补习起来虽然困难，但只要我们不放弃，总有办法追赶上。很多时候，信念会转化成强大的动力，促使我们做出更多努力，让事情向好的方向转化。在学业上，尽管我们暂时落后，可是这并不意味着我们不能迎难赶上。只要我们不认输，一切皆有可能。

NO.3

运动会参加短跑，得了最后一名

小朋友说

今年学校的春季运动会，我参加了200米短跑。发令枪响过之后，我像兔子一样拼命向前狂奔，可是拼尽全力，仍然追不上其他同学。我累得气喘吁吁，双腿发软，仍然处在最后一名的位置。临近终点的时候，我咬紧牙关冲刺，可最后还是得了倒数第一名。我有些失落，整个下午都心神不宁，连比赛也看不下去了。

心理疏导

我们虽然没有取得理想的名次，但在比赛中已经全力以赴了，即便是最后一名，也没有什么好羞愧的。在向第一名致敬的时候，应该在心里默默为自己鼓掌，因为我们锲而不舍地坚持到了最后，这种坚持到底的精神，同样值得骄傲。我们虽然没有获胜，但挑战了自己的极限，所以心中没有遗憾。

不良心理反应

- 我得了最后一名，把脸都丢光了。
- 在所有选手中，我的实力是最差的，所以得了倒数第一名，我真没用。
- 我没能为班级赢得荣誉，老师和同学会责怪我的。

积极心理暗示

01 最后一名不丢脸，我能坚持到终点，已经很了不起了。

02 这次运动会，我败给了其他选手，下次我一定会赶上他们的。

03 我虽然没能为班级争得荣誉，但也尽力了，老师和同学一定会理解我的。

行动指南

❶ 分析比赛失利原因

输掉了比赛，究竟是什么原因造成的，是因为对手太强，还是我们自身实力不济，抑或是我们发挥失误，没能在关键时刻展现出强大的爆发力？比赛过后，复盘一下这场比赛，找到原因之后，要有针对性地改进自己，争取在下次运动会上有良好表现。

❷ 提升自己

我们得了最后一名，在某种程度上说明我们确实技不如人。我们应当认清自己的不足，找到未来努力的方向，待运动水平得到有效提升之后，再参加下届运动会。当然，自我提升要有一个循序渐进的过程，不能一蹴而就。平时我们可以利用早上时间晨练，每天进步一点点，直到量变转化为质变，实现真正的飞跃。

❸ 失败不可耻

任何比赛都要分出高下，总有人要扮演倒数第一的角色。我们在为第一名喝彩呐喊的同时，也要尊重失败者。失败不可耻，坚持到最后本身也是一件了不起的事情。

心理学小课堂

比赛中得了倒数第一名，我们必然感到万分羞愧，而羞愧是一种十分伤人的情绪，对我们的心灵健康影响很大。心理学家大卫·霍金斯把人类的情感划分为17个等级，并给每种情感打分，结果发现，羞愧是最为负面的情绪，它的负能量最为突出，对人的伤害也最大。那么该怎么处理羞愧这种不良情绪呢？

首先我们要克服那些伤自尊的想法。不能因为自己在比赛中排名靠后，就看不起自己，而要通过积极暗示的方式，给自己打气，源源不断地为自己输送正能量。即便取得了倒数第一的名次，也不要否定自己。其次，如果感到尴尬，可以试着给自己5秒钟的缓冲时间，在这短短的5秒钟之内，尽量把不良情绪压下去。无论如何，都不要让羞愧内疚的情绪占据自己的心灵，如果负能量太多，就用自己能够接受的方式发泄一下。

NO.4

参加朗读比赛，感冒影响了正常发挥

小·朋友说

学校举办朗读比赛，我代表我们班级参加。比赛开始之前，我反反复复练习朗读，把文章记得滚瓜烂熟，一个字也没读错。同学都觉得我能取得名次，我也这样认为。可惜临近比赛，我受凉感冒了，嗓子受到影响。结果在朗读大赛上，我不仅鼻音很重，还屡次停顿，最后与奖项失之交臂。我很难过，觉得很倒霉，心想假如自己不生病，结果肯定会不一样。

心·理疏导

大赛前感冒确实比较影响状态，我们是不可能完美地发挥的，没能如愿取得名次，也在意料和情理之中。有时候，天公不作美，总有各种状况出现，我们避之不及，无法应对，以至结果不如预期，这样的例子在生活中比比皆是。我们应当调适好心态，不去怨天尤人，让自己尽快从消极的情绪中挣脱出来。

不良心理反应

- 我状态不好,影响了班级评比,我非常自责,很后悔参赛。
- 为什么我的运气总是那么差?命运好像故意跟我作对。
- 发挥失常,真是太沮丧了。

积极心理暗示

01 虽然没能取得名次,但我会更加努力,不会给自己贴上"失败者"的标签。

02 赛前感冒只是小小的意外而已,我没必要小题大做。

03 我虽发挥失常,却也享受了参与的快乐。

行动指南

❶ 寻求情感支持

因特殊原因导致比赛失利，心理会不平衡，这个时刻，我们可以通过外界的情感支持来应对自己的挫败感。我们的家人、朋友、同学、老师都可以成为我们力量的源泉。既然我们无法独自承受失败，那么不妨借用身边人的心理能量消化痛苦，以助自己早日走出阴霾。遇到挫折，找身边人倾诉，我们很快就能从小小的失利中站起来，让所有意外和不幸成为过去。

❷ 把经历当成收获

没能在比赛中胜出，并不代表一无所获，其实经历才是最宝贵的收获。通过比赛，我们克服了怯场的心理，在状态不佳的情况下，坚持到了最后，这本身就很了不起。我们没有因为突发状况选择放弃，整个过程表现得极其淡定，说明经过这次历练，我们已经具备了一定的应变能力，这种收获比比赛成绩更为重要。

❸ 学会应对意外

生活中，意外无处不在。大赛前夕出现状况，肯定会影响到比赛成绩。我们要吃一堑长一智，以后参加各类比赛，都要提前做好准备，以便从容应对。发现自己身体不适，要及时服药或就医，尽量把自己的身体调适到最理想的状态，坦然接受无法避免的和已经发生的意外，不沉溺其中，乐观应对各种状况。

心理学小课堂

原本很有把握的事却因意外因素导致失败，心理上会受到打击，可能在短时间内无法接受眼前的结果，在未来的一段时间内，始终处于深深的焦虑中。面对突发状况和不确定的形势，我们越发不相信自己能控制事情的结果，会变得越来越焦虑。那么应该怎么克服这种心理状态呢？

我们可以先让自己变成观察者，弄清身处变故中的自己究竟在担忧什么，因为什么焦虑，然后再丢掉虚幻的失控感，把精力集中到可控制的事情上面。简单来说，就是尽力改变能改变的，对于一些不能避免的意外要学会坦然接受，不必沉溺其中，忧伤自责。不可控因素暂且不花过多时间考虑，以此来加强对未来的掌控感。

学习篇

NO.1
数学成绩差怎么办

小·朋友说

我从小数学就不好,只会算简单的加减法,一遇到复杂的算术题就做错,升到四年级,成绩更差了。计算题和应用题我大部分都不会做,选择题也吃不准,每次考试分数都很低。由于数学差,我的总成绩也提不上去,别的学科学得再好也弥补不了。班主任老师和我谈过几次,希望我早日把数学成绩提上去,我也想学好数学,但感觉心有余而力不足,该怎么办才好?

心·理疏导

数学的难点在于它是由逻辑语言构成的,具备强大的逻辑思维能力才能学好它,逻辑思维差的学生仅靠埋头苦学是学不好这门学科的。因为数学思维不是简单的环环相扣,知道公式、懂得一般性推理,往往仍不能顺利解题。数学成绩差,可能是思维方式和学习方法存在问题,我们不要因此怀疑自己的智力和能力,要改变思维方式和学习方法,才能取得理想的成绩。

不良心理反应

- 我不聪明，恐怕永远也学不好数学。
- 我不喜欢也不擅长数学，打算放弃这门学科。
- 数学既枯燥又难学，我为什么要学它？

积极心理暗示

01 我相信只要掌握了正确的学习方法，还是有希望学好数学的。

02 数学是主科，将来会成为其他一些学科的基础，因此我一定要认真学习这门学科。

03 兴趣是可以培养的，也许以后我会爱上数学呢。

行动指南

❶ 主动学习

被动地接受知识，很难学好数学。只有学会主动思考、主动学习，才能更快地掌握要领。对于公式不能死记硬背，而要理解它的推导过程，掌握它的原理，并学会灵活运用。在做题解题的过程中，要了解基本的解题策略，并在吃透例题的基础上举一反三，弄清千变万化的题型。

❷ 学会记笔记

笔记分为两类，一类是课堂记录，一类是知识总结。在听课的过程中，我们要把老师讲述的内容和要点全部记录下来，还要将老师总结的学习方法和学习技巧纳入笔记，以备课后温习使用。千万别小瞧这些琐碎的记录，及时地整理笔记，可是学好数学的密钥。

❸ 整理错题

把自己做过的错题全部收集起来，认认真真地整理在一个本子上，然后进行分类和分析，以防自己再犯类似的错误。一般来说，错题大体上可分为四个基本类型。第一类是审题失误造成的，即我们在审题过程中，没有把题目吃透，曲解了出题老师的意思，以至整个解题过程产生偏移；第二类是马虎大意造成的，比如我们不小心看错数字、看错数量单位，明明会做的题，因为粗心做错了；第三类是计算错误造成的；第四类是因为不会做而做错，这种情况要仔细分析，作为重点类型整理。

心理学小课堂

数学学不好,除了和学习方法有关,还跟心理因素有莫大关系。如果我们怀着厌烦或畏难心理学习数学,学习的积极性将受到打击,想要提高成绩几乎是不可能的。数学的逻辑性很强,内在逻辑不好掌握,想要学好这门学科,离不开兴趣的支持,也离不开信念的支持。我们对这门学科有了一定兴趣,才能迎难而上,一边钻研解题方法和技巧,一边扫清学习道路上的各种障碍。对自己有了信心,在学习的过程中,才会找到目标感和方向感,才能摆脱迷茫的状态,倾尽全力解决各种难题。也就是说,我们要学好数学,掌握科学方法是必要的。除此之外,还要调适好自己的心理状态,让自己在兴趣和信念的引导下,一步一步走向胜利。

NO.2

学钢琴练习的曲目越来越难，想要放弃

小朋友说

寒假妈妈给我报了一个钢琴班。前期，老师教了我们一些简单的曲子，我尚能应付自如，掌握了一般的指法和技法。后来随着课程难度的加深，练习的曲目越来越难，我连一首完整的曲子都弹不下来，弹奏时断时续，还频频弹错音，被老师点名说了好几次。我的学习热情受到了打击，都想放弃了，可妈妈让我再坚持一段时间，该怎么办呢？

心理疏导

学习钢琴都要经历一个由易到难的过程，学习的过程中常常会碰到很多困难，我们不能因为遇到了困难就轻言放弃。复杂难弹的曲目更考验技巧，只要我们熬过了艰难时期，每天进行大量的重复练习，经历一个由量变到质变的过程，再难弹的曲目也能掌握。

不良心理反应

曲子太难了，我不会弹，也不想学了。	我掌握不了复杂的曲子，现在就放弃，还能少浪费点时间。	我不是学钢琴的料，根本不该报班学习。

积极心理暗示

01
弹复杂的曲子确实有点吃力，但这对我来说是一个全新的挑战，我相信我能应对它。

02
复杂的曲子有难度，我不能立刻学会，但假以时日，我一定能掌握它。

03
我也许没有天赋，但我热爱音乐，喜欢弹琴，所以我一定会坚持到底。

行动指南

❶ 了解想要放弃学琴的三个时期

第一个时期发生在初学钢琴的第三周。这时，我们对钢琴的新鲜感和热情逐渐减退，遇到难弹的曲子更是不耐烦，已经没法静下心来好好练琴。第二个时期发生在学琴的六到九个月。这个阶段练习的曲目越来越难，我们反复练习也学不会，可能因此丧失了信心。第三个时期发生在学琴的一年半，这个阶段一首复杂的曲目练习十几遍可能也练不好，我们由此产生挫败感，很有可能彻底放弃学琴。了解了学琴的三个困难时期，我们就可以有足够的心理准备，从而有意识地在这些时期增强意志力。

❷ 享受弹琴的乐趣

我们刚刚学琴的时候，肯定是十分享受的。只不过学习了一段时间，因为曲目过难，产生了畏惧心理，才有了放弃的打算。只要我们能找回初心，重新找到弹钢琴的乐趣，就能找到坚持到底的力量。其实，坐在宽敞明亮的教室，优雅地按着黑白键弹奏，是一种十分美妙的体验，我们要充分享受音乐给我们带来的愉悦感，用心感受这个过程，重新找到学琴的动力。

❸ 逐步突破难点

一首复杂多变的曲子往往有好多难点，想要立刻攻克所有难点是不现实的。我们可以把遇到的难点一一标记下来，然后采用各个击破的方式逐个突破。先弹奏前两个小节，用相对缓慢的速度练习。连续弹奏音符时，如果发现衔接困难，就反复坚持练习，直到各个音符衔接流畅了，再练习后面的段落。按照同样的方法，逐步推进，由小节练习推广到段落练习，直至整篇曲目。

心理学小课堂

心理学上有个"耶基斯-多德森定律",它指的是人们在从事比较简单的事情时,动机会明显增加,而随着任务难度的加大,动机水平将明显下降。也就是说,所从事的事情难度逐渐提升,愿意坚持的意愿会大大下降。我们练习钢琴到达某个阶段,会因为曲目越来越难而丧失学习的意愿,本质上就是耶基斯-多德森定律在起作用。

既然学习钢琴的动机和学习课程的难易程度密切相关,我们可以从减轻课程难度入手。课前要提前熟悉曲谱,以增强记忆。对曲谱有了一定印象,上课时弹奏的节奏感会跟着变好,学习弹琴的过程也会由紧张变轻松。我们知道,刚学到的曲子,如果回到家里不练习,很快就会忘记,即使没有全部忘记,记忆也会变得模糊。因此,课后练习尤为重要。做到课前预习,课后练习,即便学习高难度的曲目,课程难度也会下降,学习水平将随之上升。

NO.3

英语发音不准,在英语大赛中失利

小朋友说

学校组织英语大赛,每个班派一个代表参加。老师觉得我英语学得不错,就让我参加了。我对自己非常有信心,因为平时积累了丰富的词汇,又精通语法,英语表达能力很强,自认为能够在这次比赛中有出色的表现。没想到最后我却因为发音不准,连前三名都没进。我很失望,对自己产生了深深的怀疑,忽然觉得自己的英语口语水平一般,现在连当众朗读英语课文的勇气都没有了。

心理疏导

由于我们平时学习英语的时候,更侧重于做题,对口语比较忽视,所以口语能力不强,存在发音不准的问题。这次因口语较弱输掉了比赛,却让我们认清了自己的劣势。有了这样的教训,我们会更加看重英语口语的学习,这对于口语的提升是大有好处的。因此,换个角度看,挫败也能给我们带来益处,并且有助于我们进步成长,我们应当辩证地看待失败。

不良心理反应

这次比赛我失败了，暴露了自己真实的水平，我太难为情了。

我高估了自己的能力，原来我并不像想象中那么厉害。

发音不准，还去参加英语大赛，真是自讨没趣。

积极心理暗示

01

我虽然没能赢得比赛，但也展示了自己的风采，我应该肯定自己的表现。

02

也许我在某方面存在短板，但我有信心补足。

03

通过这次比赛，我知道了自己的实力，其实还是有收获的。

行动指南

❶ 面对质疑，肯定自己

在参赛之前，我们对自己的英语学习能力很自信，老师和同学也从未怀疑过我们的口语水平。然而大赛过后，不仅我们开始怀疑自己，外界也会对我们产生怀疑。当外界对我们的评价发生改变时，我们要尽快适应，别人发表不中听的言论时，我们仍然要自己肯定自己，千万不能因为舆论而迷失自己。

❷ 纠正口语发音

通过这次失败的体验，我们已经充分认识到自己在口语发音方面存在欠缺，因此应当在私下里加强口语练习。最好先买一套实用性较强的发音教材，然后结合音频、视频来慢慢矫正发音。遇到不懂的单词要勤查字典，逐渐掌握发音技巧。平时可以找个安静的地方，大声朗读课文，在朗读的过程中寻找语感，以此提升自己的口语能力。

❸ 暂时休整一下

刚刚参加完英语大赛，结果又令我们大失所望，我们一定感到格外疲惫，心情也会受到影响。这种特殊时刻，我们迫切需要休整。可以试着放空自己，暂时把比赛的事情放下，找个安静的地方让自己好好静静。到图书馆或书店看看有趣的漫画书，到郊外呼吸一下新鲜空气，进行一次野炊活动，尽快让自己休整好，然后再精神饱满地回归到正常的学习生活中。

心理学小课堂

　　心理语言学家认为，人们对语言声音的感知并不依据音频，而是依据大脑早已存在的范畴模式。简单来说，我们汉语中没有某个音，初学英语时，会用大脑中存在的另一个元素感知它。例如"eə"这个音是我们汉语中没有的，读它的时候，我们用"唉饿"来代替，这就是汉语式英语的由来，也是我们学英语发音不标准的根本原因。只有找到正确的语言感知模式，我们才能真正掌握英语口语。

　　如今，我们在学习英语方面存在很多障碍，即使做了大量习题和听力训练，也难以找到正确的英语发音。所以，主动去创造心理语言环境是非常重要的。我们可以试着欣赏英语大片和英语音乐剧，像幼儿学习语言那样学习英语，在英语文化的语境中找到发音技巧。

NO.4 基础知识不牢，功课一塌糊涂

小朋友说

我的每门功课都学得不太好，主要原因是基础没打牢。英语记不住单词，不懂语法，语文很多生字不认识，数学不会乘除法，每次考试都考不好。其实我也想打好基础，可是感觉已经晚了，以前不重视知识点的理解，学东西囫囵吞枣，现在不会的东西越积越多，很多知识衔接不上，不知道该怎么办好。

心理疏导

对于学习来说，基础知识很重要。这就好比我们建房子，假如地基不稳固，高楼大厦就建不好。以前没有打好基础不要紧，现在补救还来得及。其实，打基础的过程好比垒砌高墙，一砖一石都很重要，每个环节都不能省略。我们只有耐心对待，才能把基础知识全部掌握。现在，在补学原来知识的同时，我们要吸取教训，学东西不能再不求甚解，必须把知识点弄懂弄会，才能进入下一个阶段的学习。

不良心理反应

- 基础知识没掌握，学到后面越来越吃力，已经不抱任何希望了。
- 基础题都不会，说明我悟性差，没有学习能力。
- 太多基础知识不会了，补不过来，就这样继续随便学学吧。

积极心理暗示

01 我可以有计划地补习基础知识，一定要把成绩提上去。

02 基础不好，我更要努力学习。

03 不懂的知识可以向老师、同学求教，以后会越学越轻松的。

行动指南

1. 利用课余时间巩固基础知识

基础知识没有学会,再怎么努力,也取得不了良好的成效。我们可以利用课余时间巩固基础知识,然后有针对性地去做习题,加深对基础知识的理解,以此循序渐进地提高学习成绩。

2. 关注例题和典型题

例题往往涵盖了最重要的知识点,代表性很强,我们只有掌握了例题,才能在它的基础上掌握千变万化的题型。所以,复习基础知识一定要从例题开始。一般来说,例题比其他题目都简单,学起来也不吃力,有助于我们提升信心。掌握了例题,再去攻克典型题,重点分析例题和典型题之间的差异以及两者之间的联系,争取把基础知识吃透。

3. 循环复习法

孔子说:"温故而知新。"每次温习旧知识,我们都能产生新的领悟和体会。这是因为循环复习的学习方法,有助于梳理旧知识,能让我们站在更高的角度看待问题。一般来说,循环复习法可以以日和周作为一个循环周期,在周期内,我们要定期回顾一些比较重要的知识点。到了月底,再把所有知识点复习一遍,将学科的知识脉络梳理清楚,就能收获"温故而知新"的学习效果。

心理学小课堂

　　基础知识掌握不牢，很大程度上是因为厌学和学习方法不对，那么怎么解决这个问题呢？心理学上有个定律叫"峰终定律"，说的是人们体验一件事情时，只要高峰和结尾是愉快的，那么整体体验就是愉快的。也就是说，我们在学习时，只要保证在体验最好的时候结束，整个过程的体验是愉悦的，对下一次的学习就会充满期待。积极的愉悦的感受长期积累下来，我们对学习的态度便会随之发生改变。

　　在学习基础知识的过程中，除了可以运用峰终定律之外，我们还可以利用"蔡格尼克记忆效应"加强记忆。蔡格尼克记忆效应指的是比起处理完的事情，人们对没有处理完的事情，记忆更加深刻。我们可以在温习基础知识时，自主控制高峰时刻，在体验最愉悦的时刻结束，然后留一点学习任务给自己，这样就能激发想要完成它的欲望，这种强烈的期待有助于增强我们学习的自主性，对于强化记忆也很有帮助。

情感篇

NO.1

最好的朋友要转学了

小朋友说

最近我的心情十分糟糕，因为我最好的朋友要转学了。平时我和她形影不离，由于我们两家住得比较近，几乎天天一起上学一起放学回家，我已经习惯了有她陪伴。前些日子，她告诉我由于她的爸爸工作调动，全家人不得不搬到另外一个城市生活。这个消息对我来说简直就是晴天霹雳。一想到她再也不能和我在一起了，以后连见面都困难，我就万分难受，不知道该怎么办。

心理疏导

和最好的朋友分别，肯定难分难舍，心里一定很难过。可是转念想想，分别并不代表友谊中断。现在的交通和通信都很发达，朋友之间不管相隔多远，只要彼此还牵挂着对方，总是能联系上的。对于两个非常好的朋友而言，时间的流逝、地域的阻隔，并不能让友谊磨灭。我们要对彼此有信心，不能让分离的痛苦影响日常的学习生活。可以用打电话、微信聊天或写信的方式和朋友经常联络，眼下得尽快适应没有她的日子，早点把心态调整好。

不良心理反应

- 好朋友离开了，以后我再也没有知心朋友了。
- 她转学了，我突然变得孤零零的了，心里有些难过。
- 没有她的日子，我不知道怎么度过，该怎么办才好？

积极心理暗示

01 好朋友离开了，我还是会交到新朋友的。

02 刚刚和好朋友分开有些不习惯，以后我会适应的。

03 我们虽然不能常见面了，但这段美好的友谊将永远珍藏在记忆里。

行动指南

1 好好告别

朋友走了，我们有很多不舍和牵挂，因为离别太过匆忙，或许很多话语还没来得及说出口，很多情感还没表达。这时候，我们可以试着把一份有纪念意义的礼物送给朋友，让它代替我们传达无尽的思念。可以将记录温馨时刻的合影搜集起来，做成一本珍贵的纪念册，在上面写上我们想对朋友说的话。朋友收到后一定会很感动，因为有这样一份特别的礼物在，无论时隔多少年，我们依然会彼此记得、彼此珍惜。

2 定期联系

好朋友转学了，不能时时刻刻见到了，我们可以通过打电话或视频的方式和朋友定期联系。在日后的联络中，和朋友一起回忆美好的过去，或者述说现在的新生活，共同分享人生中的快乐和忧愁，这样即便朋友不在身边，我们也不会感到孤单。

3 互相祝福

我们无法阻止离别，因为没有人可以陪伴我们一生，在人生的道路上，每个人都要经历很多次离别和重逢。离别是不可避免的，然而离别并不是友谊的终点，朋友转学了以后，友谊仍然可以延续。我们要真心祝福对方在新的学校里一切安好，并告诉对方彼此的友谊不会因为分离而消散，以后有机会双方还会再聚。在安抚朋友的过程中，自己也会跟着释怀，也许很快我们就能从离别的痛苦中走出来。

心理学小课堂

从小到大，我们和很多人相遇又分开，经历过一次又一次离别，离别的时候，总是感觉忧伤。和最好的朋友分开，内心的忧伤更深了一层。那么该怎么处理忧伤的情绪呢？我们要正视自己的情绪。有的人认为离别并不是彻底的分开，而是为了下一次的相聚，所以没什么好伤心的。而大多数人都会为离别伤感，这是一种正常的反应，我们不必否认，悲伤的时候要给自己释放情绪的时间，最好不要压抑自己。但是，不能让忧伤的情绪长时间占据自己的身心，我们可以给自己设定一个期限，尽量不要让情绪过分影响目前的生活。

NO.2
家里的小宠物死了，总是难过怎么办

小朋友说

我家养了多年的宠物狗突然病死了，我很伤心，满脑子都是它活蹦乱跳的影子，做梦还会梦到它。每次看到它的照片，都会触景生情，有时还会忍不住落泪。我无法接受它已经离开的事实，觉得家里的每个角落都残留着它的踪迹、它的味道，每天回家都有种想哭的冲动，现在每天郁郁寡欢的，不管发生什么事都高兴不起来，该怎么办才好呢？

心理疏导

宠物是家庭中的一分子，突然死亡，我们内心一定非常悲痛。如果我们不能接受它已经离去的事实，就很难从伤痛中恢复。只有接受了宠物死亡这个创伤性事件，我们才能抚平伤口。家里的小宠物给我们带来了很多欢乐，这些美好的画面将永远珍藏在我们的记忆中，然而我们不能永远活在回忆中，要接受已经发生的事实，活在当下。只有这样，我们才能真正振作起来。

不良心理反应

- 宠物死了，我太痛苦了，什么也不想做了。
- 小宠物是病死的，都是我的错，我没有照顾好它。
- 我好难过，感觉自己不会好起来了。

积极心理暗示

01 宠物死了，我会永远怀念它的。

02 人有生老病死，动物也一样。

03 难过只是暂时的，我相信我会好起来的。

⭐ 行动指南

① 好好安葬宠物

　　小宠物去世了，我们要妥善安葬它。在安葬它的时候，好好道别，可以考虑为它举办一场庄重的葬礼，在葬礼上深情致辞，回顾它所走过的一生，再表达自己的哀思，郑重地撒下鲜花花瓣。认真做好每一个环节，妥善处理好一切程序之后，我们的心情将逐渐平复。

② 和家人共度悲伤时刻

　　面对宠物的离去，我们和家人都会悲伤。如果觉得自己无法独自承受这么大的打击，可以在家人的陪伴下一起面对。在家人面前，我们无须隐藏自己的真实情绪，可以痛快地大哭，也可以忧伤地倾诉。在家人温暖话语的鼓励下，我们一定能找到走出创伤的力量。

③ 转移注意力

　　刚刚失去宠物，我们在情感上受到很大的冲击，心情会非常糟糕。在这种情况下，我们可以试着转移自己的注意力。比如，课余时间到公园走走，欣赏一下花卉和树木，看看热闹的人群，听听鸟鸣和风雨声，让自己全身心地沉浸在美好快乐的氛围中，把注意力转移到自然景观和附近活动的人群上，暂时忘记失去宠物的悲痛。

心理学小课堂

　　心理学研究显示，近六成的人在失去宠物之后，会产生巨大的丧失感，甚至出现情绪问题。有些宠物主人一连好几个礼拜都沉浸在悲痛之中无法释怀。因此，我们因为宠物的去世万分难过，是一种符合常情的反应，没必要感到羞惭。也许大人理解不了我们的心情，认为为小猫、小狗、宠物兔痛哭流涕是一种幼稚的行为，非常天真可笑。可事实上，宠物和我们朝夕相伴，已经和家人无异，我们把它们当成同类爱护，说明我们是很有爱心的小朋友，这没有任何不妥。宠物因病死去，我们伤心难过，说明我们有悲悯之心。我们要理解自己，并认可自己的感受。

　　宠物刚刚去世时，我们由于太过悲痛不愿接受事实，随着时间的推移，悲伤会慢慢淡化，时间将成为治愈我们的良药。

NO.3

被好友奚落，内心充满挫败感

小朋友说

今天上语文课，老师让我们给课文划分段落，我不知道怎么分，就回过头来问后座的朋友。朋友不屑地说："这么简单都不会，你真是笨死了。"说完，拿起铅笔在我的书上画了几道线。他把书还给我的时候，脸上还挂着鄙夷的表情。我顿时愣住了，没想到他那么看不起我，我心里充满了挫败感，不知道以后该怎样和他相处了。

心理疏导

在这个世界上，很少有人没被奚落过，被人奚落并不代表被世界否定，也不代表自己不被所有人喜欢。我们无法改变别人对待我们的态度，却可以以积极的心态面对伤害，把奚落的话语视为鞭策，努力弥补自己的缺点和不足，这样才有助于提升自己。

不良心理反应

连好朋友都奚落我，可见我有多么差劲。	被奚落了很生气，但是不好表现出来，就默默藏在心里吧。	别人嘲笑我，我也要嘲笑他。

积极心理暗示

01	02	03
随意奚落别人是不对的，错在朋友，问题不在我身上。	被贸然奚落，我必须应对，不能压抑自己的情绪。	别人嘲笑我，我应当据理力争地回击，不能以牙还牙。

行动指南

❶ 不能自我贬低

被身边的好朋友奚落,我们的心态会很复杂,既生朋友的气,也生自己的气,觉得自己不够完美、不够优秀,才会遭到朋友的嘲讽。其实错不在我们,世上本就不存在十全十美的人,我们身上有显而易见的缺点,却不曾妨碍过任何人。我们不能指望被所有人欣赏和喜欢,但自己不能嫌弃自己。任何时候,我们都要自尊自信,不能因为外界的评价而自我贬低。

❷ 理性分析

仔细回顾一下,朋友哪些言语和表现有明显奚落我们的意思,想想他为什么要奚落我们,他们的话为何能伤害到我们的自尊。回忆整个事件的过程,重新做出分析判断,有助于我们排除主观情绪的干扰,看到事情的真相。

❸ 从容应对

面对比较尖锐的嘲讽和奚落,要迅速抓住对方说话的漏洞,把对方驳斥得哑口无言。这样,别人以后就不会再毫无顾忌地奚落我们了。如果朋友奚落的话语没有那么严重,只是让我们略感不适,我们可以装作什么事情都没发生,通过转移话题的方式打破僵局。

心理学小课堂

  为什么有些人喜欢挖苦别人呢？从心理学角度讲，这类人是想通过讽刺和贬低别人来抬高自己。所以，朋友讽刺奚落我们，并不是因为我们不够好，他们嘲讽我们，无非是为了寻求一种优越感。他们的言论让我们很受伤，我们不能无动于衷，必要时，要坚决说"不"，要明确地告诉朋友，我们不会再忍受那些过分的言语和行为。

  友谊是建立在平等和尊重的基础上的，真正的朋友一定会设身处地为我们着想，一定会充分尊重我们的感受，维护我们的自尊，不会经常打击奚落我们。如果身边的朋友丝毫不懂得照顾我们的感受，总是挖苦我们，我们最好学会维护自己，必要时要重新审视双方的关系。

NO.4

成绩不理想，觉得对不起家长

小朋友说

我的家境不是很富裕，爸爸、妈妈每天辛苦地工作，赚来的钱大部分用来给我购买学习资料和支付生活费了，他们平时连新衣服都舍不得买。我想用优异的成绩回报他们，学习一向非常刻苦，可是各科的成绩始终不是很理想，不知道该怎么向他们交代。每次看到自己的分数，我都觉得无比愧疚，感觉对不起他们。我该怎么办好？现在压力好大。

心理疏导

父母为我们付出很多，而我们的学业却一直没有起色，肯定会感到内疚。内疚是因为我们心疼父母，比较体谅他们的辛苦，希望他们为我们感到骄傲。这种心情是可以理解的，但责怪自己并不能改变什么，过于内疚不仅于事无补，还会影响到正常的学习生活，还不如放松心情，全力投入到学习上。就算我们拼尽全力也不能取得名列前茅的好成绩，也不必过于责难自己，只要做到无愧于心就行了。

不良心理反应

爸爸、妈妈为我付出了那么多，我却辜负了他们的期望，我太没用了。

成绩差，无法回报父母，有点儿恨自己不争气。

我只有学习好，才对得起爸爸、妈妈。

积极心理暗示

01
我只要尽力就好，不必过分焦虑。

02
父母培养我，不是为了给我增加压力，而是为了给我创造更好的未来。

03
只要我努力了，就对得起父母的付出。

行动指南

❶ 通过其他方式回馈父母

如果我们已经竭尽全力学习了，即便成绩不理想，也不必太自责，因为我们已经尽力了。觉得父母付出太多，我们可以通过其他方式去回馈。比如，看到父母下班之后很劳累，及时递上一杯热水。生活方面，自己能做的事情自己做，养成今日事今日毕的好习惯，不让父母费心。

❷ 劳逸结合

学习是一个长期性的活动，好比一场马拉松赛跑，需要我们掌握适度的节奏，才能成功到达终点。以短跑冲刺的速度前进，提前耗光了精力，必然导致后劲不足。因此，在学习的过程中，我们一定要注意劳逸结合，不能因为觉得愧对父母，就时刻紧逼自己。人的大脑所能接受和吸收的知识是有限的，超出负荷只会适得其反，不仅影响学习效率，还会影响到学习成绩。感到劳累时，要适当休息，等到大脑充分放松以后，再做功课。

❸ 和自己和解

我们感到内疚，是出于对父母的理解和爱，说明我们天性里有着光辉善良的一面。但总是怀着负罪感生活，会让我们的认知出现偏差，甚至会影响到我们的身心健康。因此，我们必须学会和自己和解。我们要卸下精神负担，不再用父母的期望和强烈的道德责任感压迫自己，轻装简行，让自己充实快乐地度过美好的校园生活。

心理学小课堂

　　每个人都有自己的行为规范和道德标准，如果自己违背了它们，就会感到内疚。有了内疚的情绪，说明我们能够认识到自己的错误和不足，有助于改正自己的行为。也就是说，内疚感是一种良性情感，它有一定的积极意义。可是内疚感会让我们自责和难受，被这种情绪牵着鼻子走，将影响到我们的心理健康。当我们意识到自己没有做到该做的事，就会自动做出一些补偿行为，强迫自己做自己不喜欢做的事，这种情况持续存在，我们会变得越来越不开心。

　　其实亲子关系是平等的，和谐相处才是正常健康的，我们不必觉得自己亏欠父母，父母为我们付出的同时，也收获了快乐；我们为他们付出，收获的是亲情和爱。代际关系是一种天然的关系，不应该靠内疚感维系。

心态篇

NO.1

遇到挫折就想逃避

小·朋友说

我不是一个坚强的孩子,遇到一点挫折就感觉备受打击,总想逃避。这个学期妈妈给我报了个班,让我学吉他。刚开始我还挺兴奋,学得很认真。然而随着难度的增大,我感觉越学越吃力,渐渐变得敷衍起来,最后没兴趣了。妈妈说我像鸵鸟一样,遇到困难就把头埋在沙子里,其实我也不想这样,该怎么办?

心·理疏导

遇到挫折就想逃避,几乎是大多数人的第一反应,因为这种常见反应源自人类趋利避害的本能。挫折和失败令我们痛苦,甚至令我们畏惧,我们不想承受压力,就会情不自禁地躲避。我们要承认自己的真实想法,再把主动权交到自己手上,从而克服不良心理,找到正视困难的勇气。

不良心理反应

我克服不了眼前的困难，还是知难而退吧。

我不去面对这个问题，这个问题就不存在了。

这件事情太难处理了，之后再说吧。

积极心理暗示

01

我相信我有能力战胜困难。

02

退缩不能解决任何问题，我必须勇敢一次。

03

无论多难，我都要坚持到底。

行动指南

1 逼自己一把

当逃避成为一种常态，一旦遇到问题，我们就会立刻退缩，不敢再向前跨越一步。在这种情况下，只有逼自己一把，斩断所有后路，才能起到置之死地而后生的效果。纠结和犹豫的时间越长，我们的勇气和信心耗损得越严重，所以必须横下心来逼迫自己。唯有这样，我们才能超越自己，做出超常的表现。

2 从简单的事情入手

有时候，困难和挫折接踵而至，我们难以承受，更加不愿意面对。先从最易入手的事情开始，有了良好的开端，难度便会大大降低，信心得到增强，以后的路就会越来越顺利。遇到重重阻力和障碍，不要害怕，我们一个一个克服，也许不知不觉中就把大部分难题解决了。

3 及时求助

棘手的问题，我们竭尽全力也无法解决，每次尝试都以失败告终，渐渐地，会产生知难而退的心理，很有可能一直无法跨越眼前的障碍。这时向外界求助，就很有必要。求助的对象既可以是家人，也可以是老师、朋友、同学，让大家帮忙出谋划策，贡献一份力量，比自己单打独斗要好得多。

心理学小课堂

心理学上有一种现象叫作"退缩效应"。它指的是人们面对挫折，出现行为退化，因情绪消极、低沉，迟迟不愿采取行动。那么，我们该怎样摆脱退缩效应的影响呢？

一、看到自己的优势和力量。有时候我们会夸大困难和挫折，把自己想象得渺小无力，事实上，我们没有想象中那样脆弱和无能。我们要正确地看待自己的优势，以积极的心态应对挫折。

二、学会舍弃。有些困难是应该克服的，有些挫折是必须要战胜的，但不是所有问题都必须解决，动用所有力量都解决不了的问题，我们可以适当放弃。这就好比前路有大石阻碍，我们完全可以绕道而行，不必强迫自己跨越。

三、学会自我安慰和自我激励。面对一次又一次的失败，我们内心深处肯定充满恐惧，也许没有人能让我们短时间内从挫败中走出来。这时候我们必须自己安慰自己，自己鼓励自己。我们要接纳自己能力的不足，坦然面对自己内心的恐惧，只有这样，才能克服障碍，找回信心和勇气。

NO.2

努力了没结果，不敢再挑战自己

小朋友说

以前我无论做什么事情都很用心，可能是天赋不够的缘故，即使付出了百分之一百的努力，也没能换来期待的结果。而我的同学刚好和我的情况相反，他们只要稍微努力一点，就能轻松超过我。失败了太多次，我已经不相信努力的意义了，现在不敢再挑战自己了，因为我害怕再次跌倒，觉得与其徒劳无功，还不如什么也不做，这个想法对吗？

心理疏导

我们不敢继续努力，是因为害怕自己付出了所有，却被证明不够优秀。的确，努力了并不一定成功，但不再努力，更加不可能成功。我们不必害怕努力了没有成果，也不必担心自己付出更多，成就却不如别人，而要试着迎难而上、开拓进取，让自己一次比一次表现好，在不断的挑战中完善自己。

不良心理反应

- 努力了没结果，还不如不努力。
- 再去尝试，只会输得更惨，还是给自己保留一点自尊吧。
- 我宁愿什么也不做，也不想徒劳无功。

积极心理暗示

01 努力了没结果，不代表没有收获，积累的宝贵经验也是一种收获。

02 再尝试可能会成功也可能会失败，成败并不重要，敢于尝试本身就很好了。

03 只要敢尝试就有成功的可能，我必须鼓足勇气重新试一次。

行动指南

❶ 查找失败原因

我们在一件事情上反复失败，一定是遇到了很大的困难。再次挑战有可能再次面临失败，也有可能转败为胜。我们必须找到失败的原因，在薄弱环节付出更多努力，才有可能获得成功。

❷ 尝试着战胜自己

人最大的敌人是自己，战胜了自己，往往会无往而不胜。我们可以尝试着从小事上战胜自己，比如做一件略有难度的事，当我们发现有些事情没有想象中那样难时，就不会再畏惧人生中的各种困难了。

❸ 多肯定自己

当我们完成了一件事情，哪怕是微不足道的小事，也要充分肯定自己。平时多肯定自己，并从中发掘自己的聪明才智和美好的内在品质，争取获得新的成功。这样，慢慢建立起自信心，遇到失败和更大的挫折的时候，我们就不会畏惧和胆怯了。哪怕努力了也没成功，我们仍要敢于再去尝试，不会因为结果不如意，而彻底放弃努力。

心理学小课堂

没有结果的努力，往往令我们沮丧。为了避免进入无效努力的怪圈，我们可能会放弃尝试，这种普遍的反应是失败效应造成的。失败效应是由心理学家格维尔茨提出的，他在研究中发现，学习差的学生付出了很大努力，却遭遇接连失败，往往会产生破罐子破摔的心理，几乎丧失了积极学习的欲望。

现实生活中，失败效应比比皆是，很少有人不受影响，因为无论做什么事情，我们都需要成就感，没有成果的努力，无法让我们从中看到价值。那么我们该怎么解决这个问题呢？我们可以试着运用懒蚂蚁效应，它指的是看似懒惰的一群蚂蚁，把时间花费在了寻找食物来源上，结果却比勤快的蚂蚁收获更大。也就是说，在下次尝试之前，我们可以多花时间观察研究，多思考解决问题的办法，然后再付诸行动，这样遇到问题就可以得心应手地解决，徒劳无功的可能性也大大降低了。

NO.3

害怕失败，做什么事都畏首畏尾

小朋友说

我很害怕失败，什么都不敢轻易尝试，平时很胆怯，总是畏首畏尾。学校举办的运动会，我一次也没报名参加过，害怕不能取得名次，在全班同学面前丢脸。班级办黑板报，我也没参与过，尽管我很会画画，字写得也不错，但还是对自己没信心，觉得比我会画画会写字的同学很多，一旦被比下去，我心理上会很难接受。有时候我很纠结，想要勇敢一次，可就是做不到，该怎么办才好？

心理疏导

成功需要一个开端，没有开始，成功便无从谈起。给自己一个开始，虽然要面对很多不确定性，有可能遭受失败，但连机会都不给自己，那么做成一件事的可能性就是零。我们不能因为惧怕失败就什么事情都不敢做。其实失败并不像我们想象中那么可怕，因为它不是最终的结果，而只是一个短暂的插曲，只要我们不认输，敢于屡败屡战，那么终有一日会收获成功。

不良心理反应

- 失败太可怕了,我要避免一切面对失败的可能。
- 任何没有把握的事情,我都不想做。
- 一旦失败了就会证明我不行,还不如不去做。

积极心理暗示

01 失败不可怕,大不了从头再来。

02 只要敢尝试,就有成功的可能。

03 从现在开始,我要勇往直前。

行动指南

❶ 培养冒险精神

当我们恐惧失败的时候，可以尝试着培养冒险精神。如果在冒险中我们战胜了自身的软弱，遇到问题时便不会畏首畏尾了。假如面对不可预知的风险，我们敢于勇往直前，面临失败时，自然会拥有从容应对的勇气。

❷ 消除后顾之忧

不敢尝试一件事情，是因为我们有后顾之忧，只有消除所有后顾之忧，我们才能鼓起勇气迈出关键性的一步。在行动之前，我们可以想想假如自己失败了，最糟糕的结果是什么，我们有没有能力承受。还可以换个角度去设想，想想自己可能遇到的各种情况，事先做一些补救方案，这样失败的概率就会大大降低，大部分担忧也就跟着消除了。

❸ 轻视失败

有时候，我们把失败的后果想象得太过严重，其实失败本身没有什么，它只是代表我们暂时没有把事情做好而已。第一次尝试没有成功，大不了再来一次，我们并没有因此损失什么。即便第二次尝试也失败了，我们也不必太过难过，因为我们还有很多次机会。学会在失败中提升和锻炼自己，才能慢慢向成功靠近。

心理学小课堂

　　心理学家理查德·比瑞博士认为,人们害怕失败是基于这样一种观念:我表现不好,失败了,证明我没本事没价值。即把自我价值感和成败直接画等号。为了避免自我价值感降低,只好选择不去尝试,因为不去尝试,就可以自我欺骗说:"我没有去做,也许去做了,就能成功。"类似的自我安慰本质上都是为了回避失败所带来的羞耻感。

　　想要解决这个问题,必须重新找到自己的价值,重新认识和定义自己。我们要把自己从功利观念中解脱出来,用温和的方式对待自己,失败之后可以这样告诉自己:"虽然我没有把这件事做好,但我仍然是可爱的,因为我友善、热情、聪明、勤奋,有很多可贵的优点,这次的失败,并不会夺走我身上美好的品质。"当我们意识到自己的价值并不取决于成败,对失败的排斥和恐惧也就不会那么强烈了。

NO.4
过高估计自己的能力，表现总是不尽如人意

小朋友说

我认为自己比别的小朋友聪明，学东西比任何人都快，可是不知为什么一到考试就考砸，结果总是在意料之外。在学习上，我没有突出的表现，自认为在才艺方面很有天赋，所以参加了学校组织的书法大赛、绘画大赛和歌唱比赛，本以为能拿奖，谁知每次比赛都名落孙山。同学说我总是高估自己的能力，对自身没有一个清醒的认识，难道真的是这样吗？

心理疏导

"认识你自己"是一个老生常谈的课题，也许我们认为对自己的了解已经足够深入了，对自身能力的判断不会有误，可事实告诉我们，我们并没有能力正确评估自己。我们自负的时候，不可避免地会高估自己，所以结果往往不符合预期。表现不尽如人意，说明我们的能力不像自己想象的那么强，还需继续努力，才能达成目标。继续加油吧，或许再进步一点点，我们就能成功。

不良心理反应

- 我比别人优秀，表现却不如对方，实在太气人了。
- 我太自不量力了，活该失败。
- 无论做什么都达不到预期，我再也不相信自己了。

积极心理暗示

01 也许我没有想象中那么优秀，不过不要紧，我会努力让自己变得更优秀的。

02 以前我错估了自己，现在已经认识到问题所在了，一切都会向好的方向改变。

03 我的表现和预期不一致，也许是预期不合理，我会调整自己的。

🌟 行动指南

❶ 参照事实，客观评估自己

错误地估计自己，将会导致一系列的失败。要想避免这种情况出现，我们应当重新评价自己的能力，评价标准最好以客观事实为参照。比如，我们认为自己学习能力最强，成绩比所有同学都优秀，但考试成绩却一般，这时我们要以事实为评价依据，重新看待自己的学习能力，制订符合现实的学习计划。

❷ 不因屡屡受挫而彻底否定自己

接连受挫，会让我们丧失信心，从而彻底否定自己。这种时刻，重拾信心尤为重要。一次次受到打击之后，我们要避免用消极的话语评价自己。可以先静下心来，想想自己的优点和优势，从自己身上寻找一些可贵的东西，以此建立自信。

❸ 戒骄戒躁，努力向上

我们总高估自己，是因为太过浮躁和骄傲，对自身没有客观认识。唯有戒骄戒躁，才能正确认识自己的能力。当我们开始自我膨胀时，要看到身边比我们优秀的人，以他们为榜样，努力向上，让自己变得更谦虚更出色。

心理学小课堂

有时候,我们遭受挫折是高估自己、过度自信造成的,这种现象被称为达克效应。达克效应指的是能力欠缺的人认不清自己,总是乐观地认为自己比别人都优秀。在这种现象的影响下,我们往往看不到别人的优秀,盲目地自信,贸然去做超出自己能力的事情,结果往往不尽如人意。那么该怎么克服它的影响呢?

首先,我们要承认自己的无知,认真思考哪些事情是我们知道的,哪些是我们不了解的,哪些处在我们的能力范围内,哪些是我们力所不及的,重新评估自己和认识自己。其次,我们要不断学习,始终保持谦逊的态度。任何时候都要向比自己厉害的人学习,依靠孜孜不倦的学习,不断提升自己的能力。